JACQUES MAISSIAT

NOTICE BIOGRAPHIQUE

BOURG

IMPRIMERIE J.-M. VILLEFRANCHE, PLACE D'ARMES, 1

1880

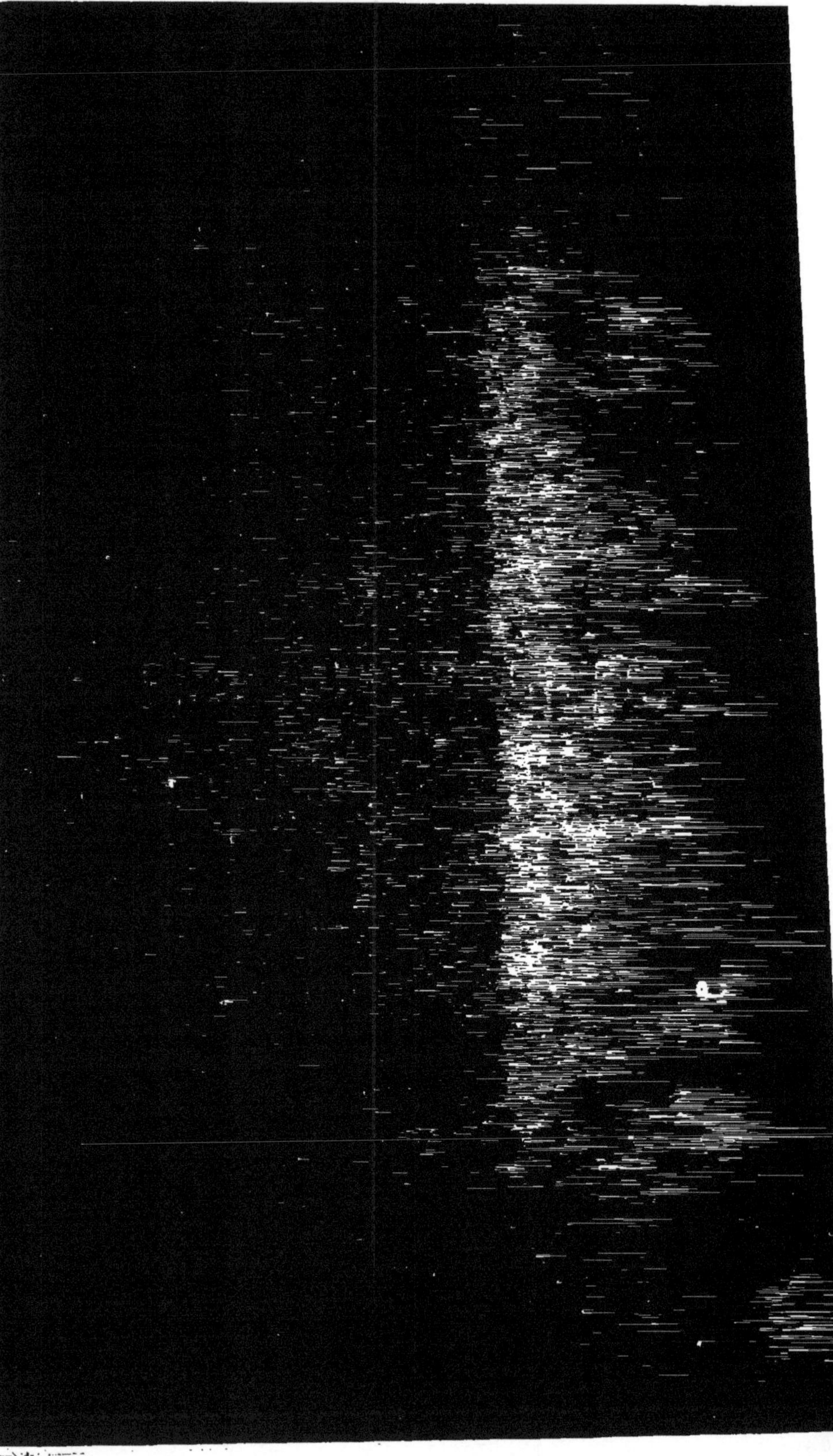

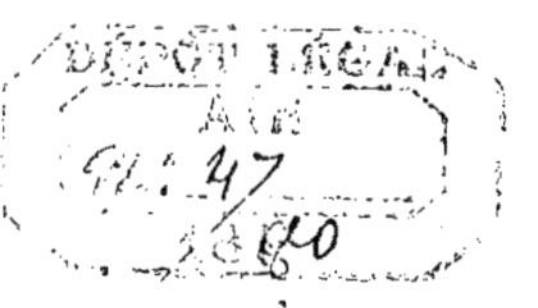

JACQUES MAISSIAT

—

NOTICE BIOGRAPHIQUE

JACQUES MAISSIAT

NOTICE BIOGRAPHIQUE

BOURG

IMPRIMERIE J.-M. VILLEFRANCHE, PLACE D'ARMES, 1

1880

Quand un homme s'est distingué parmi ses
compatriotes par une intelligence supérieure,
par l'élévation de son caractère, par une application constante aux études utiles et par des travaux
considérables; quand la confiance de ses concitoyens, justifiée par les talents et les mérites de
cet homme, l'a porté aux grandes charges et aux
honneurs publics, il y a intérêt à retracer sa vie
dans ce milieu, à mettre ainsi le portrait dans son
cadre et dans son jour, soit pour rendre à sa mémoire l'hommage que lui doivent ses contempo-
rains, soit pour présenter un exemple salutaire et

un enseignement profitable à la génération nouvelle.

C'est sous l'empire de ce sentiment que l'auteur
de cette notice a essayé de retracer sommairement les traits principaux de la vie laborieuse et
si bien remplie du docteur Jacques-Henri Maissiat,
vie qui a été l'application constante et la justifica-
tion de la maxime qui sert d'épigraphe à cet
opuscule.

I.

Issu d'une des familles les plus honorables et les plus considérées de Nantua, Jacques Maissiat naquit en cette ville le 28 mars 1805. Son père, M. Jean-François Maissiat, homme d'un esprit cultivé et de bonne compagnie, qui appartenait à cette bourgeoisie familière et sympathique d'autrefois, fut pendant de longues années maire de sa ville natale et représentant du canton de Nantua au Conseil général de l'Ain. On rappelle encore aujourd'hui avec éloge les actes de son administration vigilante et désintéressée.

Sa mère — la vraie mère de famille — alliait à un caractère en même temps calme et énergique, à un jugement droit et sûr une grande foi religieuse. Elle avait pour ses enfants la plus vive tendresse, surveillait avec soin leurs premières impressions pour les diriger vers le bien, et entourait leur jeunesse et leur éducation de cette sollicitude vigilante et éclairée dont l'empreinte ne s'efface jamais dans les cœurs bien nés, quelles que soient plus tard les vicissitudes de la vie.

Jacques Maissiat ne devait point être rebelle à
l'heureuse influence d'une telle origine et de cette
précieuse éducation de famille. Aussi le souvenir
vif et affectueux de sa mère et des soins dont furent entourées ses premières années se révèle-t-
il dans plusieurs des écrits et des actes de sa
laborieuse carrière.

Il fit ses premières études au collége de Nantua
et se distingua tout d'abord entre ses condisciples
par une intelligence et une facilité extraordinaires,
par la franchise de son caractère, par les agré-
ments de son esprit précoce, précis et observateur,
et surtout par un goût prononcé et une aptitude
étonnante pour les sciences exactes et naturelles.
Il poursuivit le cours de ses études à Largentière,
puis à Lyon, avec des succès brillants qui, loin
d'être jalousés par ses camarades, lui en firent
autant d'amis et d'admirateurs. Dès ce moment
commencèrent pour lui, comme un effet de cette
parenté naturelle qui attire les uns vers les autres
les esprits d'élite, des amitiés et des relations,
constamment entretenues, avec des hommes dis-
tingués à divers titres, les Humblot, les Perras et
tant d'autres qu'il rencontra plus tard dans les
diverses phases de son existence. Et rien là de
surprenant quand on sait qu'à cette même époque,
et encore si jeune, il signala la perspicacité de
son intelligence et de ses méditations par la dé-

couverte de solutions nouvelles et faciles de
théorèmes compliqués, jusque-là hérissés de difficultés ; solutions que l'enseignement s'est depuis
appropriées.

Il conquit facilement et avec éclat le diplôme
de bachelier ès-lettres devant le Jury d'examen
de la Faculté de Lyon, et celui de bachelier ès-
sciences devant la Faculté de Grenoble.

II.

Jacques Maissiat put dès lors choisir sa voie et aborder les études spéciales auxquelles l'appelaient plus particulièrement ses aptitudes et ses goûts, c'est-à-dire les études médicales, qu'il commença tout d'abord à Lyon par celle de l'anatomie humaine.

Sa santé, compromise par une application sans doute trop assidue à ses travaux, inspira quelques inquiétudes à ses amis et à ses parents, et il dut obéir au conseil qui lui fut donné d'aller en chercher le rétablissement sous le ciel plus clément des contrées méridionales. Il choisit judicieusement le séjour de Montpellier qui avait à ses yeux l'avantage de réunir à l'influence de l'atmosphère tempérée dont il avait besoin, la facilité pour lui de continuer, autant qu'il le pourrait, ses études à l'amphithéâtre et aux cours de la Faculté de cette ville. Là, se révéla et s'accentua plus vivement encore la tendance de son esprit éminemment investigateur. Indépendamment de son assiduité régulière aux cours qu'il suivait, il se livra à des études expérimentales d'ovologie avec deux condisciples, Coste et Delpech, qui ont plus tard fourni comme lui une brillante carrière.

Après ces préludes et quelque temps consacré au sein de sa famille, au complet rétablissement de sa santé, il dut enfin, vers 1830, céder à l'attraction qui le poussait vers ce foyer des sciences : Paris, qui offre aux hommes studieux tous les établissements, toutes les ressources capables de satisfaire leur besoin de s'instruire. Là, il fut assidu aux cours du Muséum, du Collége de France, de la Faculté de médecine.

L'invasion du choléra en 1832 fit, on se le rappelle, de nombreuses victimes. Jacques Maissiat, tout en combattant cette terrible épidémie, dut lui payer son tribut; et, s'il fut assez heureux pour triompher de ses atteintes, il n'en fut pas moins obligé de revenir dans sa famille pour se remettre de l'ébranlement qu'il avait éprouvé.

Cette interruption de plusieurs années dans ses études ne sembla point en avoir apporté dans le développement de ses aptitudes. Elles furent tellement remarquées que, dès l'année 1836, lors de l'ouverture du cours des corps organisés au Collége de France, il en fut, n'étant encore que simple étudiant, nommé préparateur, sur la demande de M. Duvernoy, premier professeur désigné de ce cours. Ce fut aussi avec la plus grande facilité et avec un plein succès qu'il subit, en 1837, tous ses examens et en obtint, en février 1838, le couronnement par le diplôme de docteur. Il avait choisi pour épigraphe de la thèse qu'il soutint à cette occasion ce passage du Livre des Proverbes : *Et ego filius fui tenellus coram matre meâ,* expression délicate d'affection pour sa mère, et qu'il sut habilement rattacher à son sujet.

Sur les quatre questions qui lui furent assignées comme matière de cette thèse : 1° *Comment reconnaître si le miel a été falsifié par la fécule ou par la farine de haricots ? 2° Quel est le mécanisme de la déglutition? 3° Des différentes complications des hernies ? 4° Du traitement du cancer du foie ,* — celle à laquelle il consacra les développements les plus étendus fut celle relative au mécanisme de la déglutition, précisément parce qu'elle présentait le plus de difficultés et demandait des recherches techniques et des expériences plus approfondies.

Cette thèse, indépendamment d'un style clair et facile, de l'ordre méthodique de la dissertation, d'une modestie discrète dans la discussion des opinions contradictoires sur la matière, révéla de la part de l'auteur une étude consciencieuse et savante de son sujet. Il y développa, aux yeux de ses examinateurs étonnés, et démontra avec une

lucidité remarquable une théorie toute nouvelle
du mécanisme de la déglutition appuyé sur l'ac-
tion de la pression atmosphérique, qu'il eut le
légitime orgueil de voir admettre dans l'enseignement de la Faculté.

III.

La voie dans laquelle devait s'engager le docteur Maissiat était dès lors ouverte devant lui. Il aurait pu demander à la pratique de l'art médical de faciles succès ; mais, entraîné par la nature de son esprit éminemment chercheur et inventif, il aima mieux se consacrer à l'étude approfondie de cette science et aux solutions théoriques et expérimentales des nombreux problèmes qu'elle présente. Ce choix et ce goût de sa part ne tardèrent pas, du reste, à être justifiés et encouragés ; car, dès la même année, il se présenta au concours pour l'agrégation de physique médicale. La thèse qu'il soutint à cette occasion et qui avait pour sujet : *Des lois du mouvement des liquides dans les canaux (capillaires et non capillaires) et de leurs applications à la circulation des êtres organisés en général,* offrit des aperçus neufs et lumineux sur cette question, notamment sur la charge motrice de la circulation, et fut traitée d'une manière si complète qu'elle lui valut le premier rang.

Aussi, peu de temps après, sur la désignation
de M. Orfila, doyen de la Faculté de médecine,
fut-il appelé par le Ministre à occuper la chaire de
physique médicale en remplacement de M. Pel-
letan, professeur titulaire empêché, qu'il sup-
pléa ainsi pendant trois ans. Son cours, plein de
clarté et d'appréciations scientifiques nouvelles,
fut suivi avec empressement et apprécié avec
faveur par la Faculté.

Les deux thèses sus-mentionnées attirèrent sur
le docteur Maissiat l'attention de ses collègues et
furent le prélude des grands travaux auxquels il
se livra dès cette époque, et que nous allons sommairement indiquer.

1° En 1842, il lut à l'Académie des sciences un
mémoire original sur *la station des animaux*.
Dans ce mémoire, il développa avec démonstrations expérimentales sur le cadavre une théorie
nouvelle appuyé d'observations et de faits exposés
avec une précision et un entraînement remarqua-
bles. Ce mémoire intéressant, attrayant même à
tous les points de vue, conduit à cette conséquence
philosophique : que l'homme, seul entre tous les
animaux, en vertu d'un caractère anatomique
spécial, inaperçu jusque-là, se tient debout naturellement et peut persister dans cette situation
sans dépense de force musculaire continue, ayant
ainsi la main libre et toujours disponible au ser-

vice de son intelligence et de sa volonté; théorie admise depuis dans l'enseignement de la Faculté de médecine.

2° En 1843, de collaboration avec le docteur Beau, son collègue, Jacques Maissiat publia une suite de recherches expérimentales et de vues nouvelles *sur le mécanisme de la respiration des animaux*. Ces deux hommes studieux s'occupaient de cette question depuis longtemps, séparément et à l'insu l'un de l'autre. Etant venus un jour à se communiquer le résultat de leurs investigations particulières ils virent que ce résultat était identique, bien qu'obtenu par des voies différentes. Ils travaillèrent alors le sujet en commun en apportant chacun le contingent de faits et d'idées qui leur étaient propres, et arrivèrent ainsi à doter la science d'aperçus nouveaux dont elle a fait son profit.

3° Au mois de septembre de la même année, Jacques Maissiat lut à l'Académie des sciences un mémoire *sur la locomotion de l'homme et des animaux*, conséquence de son premier mémoire *sur la station*.

Ce nouveau mémoire, aussi précis que le premier, expose une théorie nouvelle fondée sur des faits inaperçus jusque-là, pénétrant profondément dans l'étude des animaux, intimément liée à nos sentiments, à nos goûts, à tout ce que nous voyons autour de nous sans le remarquer, applicable à l'équilibre de fait des animaux entre eux sur. la terre, et par suite à la statuaire et aux beaux arts.

Ce mémoire, plein d'observations *de visu*, de remarques de *chasseur* sur divers animaux, est un programme de classification nouvelle basée sur l'organisation que la nature a faite à chacun d'eux pour satisfaire les besoins de leur existence, échapper à la faim ou à la dent meurtrière de leurs ennemis.

Au mémoire est annexée une dissertation sur l'installation physique du sens de la vue dans les divers animaux, de laquelle résulte la démonstration que la disposition de cet organe chez l'homme lui confère, à lui seul, le privilége suprême, exclusif, de comparer la distance de deux corps entre eux, l'un des nombreux attributs de supériorité et de domination qu'il possède sur les autres espèces.

4° Au mois d'octobre suivant, toujours infatigable, le docteur Maissiat lut encore à l'Académie des sciences un autre mémoire *sur les fluides élastiques intérieurs et les tissus élastiques des animaux*, mémoire intimement lié aux précédents, bien qu'il semble en différer par le titre, et qui pénètre physiologiquement bien plus loin; car il aborde et discute hardiment la question des mouvements intérieurs des animaux, de leur circula-

tion, de leur respiration, de leur digestion, et met
finalement la science aux prises avec la solution
d'un problème que l'auteur indique ainsi : *Chercher la cause des maladies dans l'état anormal des fluides élastiques du canal alimentaire,
plutôt que dans l'état anormal des solides du
corps humain, ou dans celui des humeurs.*

Ces divers mémoires révèlent chez leur auteur
une vaste érudition, des recherches longues et
patientes, et un esprit profond d'observation. Il
les réunit à quelques autres dont il n'avait pas
donné communication, et les publia, moins toutefois celui auquel avait collaboré le docteur Beau,
en un volume in-4° avec ce titre général : *Etudes
de physique animale*, et les divisions suivantes :
1er mémoire : *de la station des animaux ;* 2me mémoire : *de la locomotion de l'homme et des animaux, — essai d'une théorie —;* 3me mémoire :
*vérification de la théorie par les faits observés,
—généralisations philosophiques ;* 4me mémoire :
*essais partiels d'une classification des animaux
d'après leurs mouvements extérieurs et les qualités physiques de l'aliment dont ils se nourris-
sent ;* 5me mémoire : *sur les fluides élastiques intérieurs et les tissus élastiques des animaux,
généralement des êtres, 1re partie, exposé général et considérations anatomiques préalables ;*
6me mémoire : *même sujet, 2me partie, détails plus*

*explicites ; rapport des mouvements des ani-
maux (fonctions physiologiques) avec l'atmosphère intérieure, l'atmosphère enveloppe et
l'état actuel des tissus élastiques, générateurs
des pressions dans les divers milieux de l'économie animale*; avec notes sur l'historique de
la locomotion, sur l'analyse des gaz (nouvelle mé-
thode), sur un phénomène capillaire. Des figures
et un tableau synoptique sont joints à ce recueil
pour faciliter l'intelligence des démonstrations
techniques.

La série de ces mémoires se présente, par un
enchaînement régulier, dans un ordre logique,
l'intelligence supposée acquise d'un point traité
devant faciliter celle du point qui va suivre. On
sent, en lisant ce recueil, qu'il est le fruit de plusieurs années de travail, et cependant tellement
concentré qu'il contient à l'état, pour ainsi dire,
de programme la matière de nombreux volumes.

L'auteur devait lui-même donner à son œuvre
des développements plus étendus ; car, disait-il,
si l'ardeur de la jeunesse favorise l'invention et
l'éclosion des idées, la maturité de l'esprit con-
vient mieux à leur exposition. Mais les circonstances qui amenèrent la publication hâtive de ce
travail en reculèrent, à une époque indéterminée,
la retouche et le perfectionnement que se propo-
sait l'auteur.

On annonça pour la fin de l'année 1843 l'ouverture d'un concours pour la chaire de physique
médicale à la Faculté de médecine. Jacques
Maissiat, qui s'était consacré à une étude spéciale
des matières enseignées à cette chaire qu'il avait
occupée pendant trois ans comme suppléant,
n'hésita pas à se mettre sur les rangs. Dans sa
pensée, l'impression de ses mémoires, dont la
lecture avait été accueillie avec faveur par l'Académie des sciences, devait lui être d'une grande
utilité au concours. Des exemplaires en furent
adressés à ses juges et à ses compétiteurs. Muni
de ce bagage scientifique auquel s'ajoutaient la
recommandation de sa suppléance pendant trois
ans, et une thèse longuement et savamment traitée
sur *les lois générales de l'optique et les principaux phénomènes physiologiques et patholo-
giques qui s'y rapportent*, il était en droit de
compter sur le succès. L'examen toutefois, contrai-
rement à ses prévisions, ne porta pas sur les questions qu'il avait traitées; ce qui ne l'empêcha
pas, dans trois tours de scrutin successifs, d'ob-
tenir le même nombre de suffrages, six contre
six, qu'un autre candidat. La voix prépondérante
du président du concours, M. Pouillet, fit pencher
la balance en faveur de ce dernier.

IV.

La carrière qu'affectionnait Jacques Maissiat
de l'enseignement de cette branche de la science
médicale lui fut ainsi fermée. Il ne renonça point
cependant à ses études favorites, et une compen-
sation honorable vint peu après lui faire oublier
cette déception imméritée. Le 1ᵉʳ juin 1845, il
recevait de M. Orfila, doyen de la Faculté de
médecine, une lettre flatteuse que nous n'hési-
tons pas à transcrire parce qu'elle indique mieux
et avec plus d'autorité que nous ne pourrions le
faire, le degré de valeur et d'estime auquel Jacques
Maissiat s'était élevé par ses travaux et ses talents :

« Monsieur et cher confrère, j'apprécie depuis
« longtemps les efforts que vous faites pour arri-
« ver à une position élevée que vous méritez
« d'occuper par votre zèle, votre talent, vos
« travaux et un caractère des plus honorables...
« Je viens de vous attacher à la Faculté par un
« lien nouveau, plus durable que celui de l'agré-
« gation, avec un traitement annuel de 2,400 fr,
« (et le logement). Vous voudrez bien m'éclairer

« de vos lumières et m'aider dans l'établissement,
« l'agrandissement et le perfectionnement de nos
« collections d'anatomie générale comparée et
« pathologique. Votre coopération, je n'en doute
« pas, sera efficace et portera bientôt ses fruits ;
« je m'en applaudirai et vous aurez acquis de
« nouveaux titres à l'estime de la Faculté.
« Agréez, etc.,

« Orfila. »

M. Orfila qui, dans sa sollicitude éclairée pour
les progrès de la science médicale, avait fondé
ce Musée d'anatomie comparée, savait bien, parce
qu'il connaissait les mérites et la capacité de
Jacques Maissiat, quels avantages il avait à reti-
rer de son concours ; et il l'attacha à cet établissement en qualité de conservateur adjoint, en at-
tendant qu'une vacance lui permît, ainsi qu'il
arriva plus tard, de disposer de la place de conservateur en titre.

Jacques Maissiat justifia pleinement les espérances du doyen de la Faculté de médecine ; et,
répondant à son appel si flatteur et si bienveillant,
il consacra toute son activité de chercheur et de
hardi novateur à l'exercice des fonctions dont il
était investi. La notoriété que lui avaient acquise
ses travaux antérieurs, le zèle qu'il déploya, les
perfectionnements judicieux qu'il apporta dans
l'organisation du Musée lui valurent, peu de temps

après, une distinction à laquelle applaudirent
tous ses amis : la décoration de la Légion d'honneur.

Ce Musée, remarquable par le nombre, le
choix, l'ordre et la classification des pièces qui y
sont réunies, a fait quelque bruit dans le monde
scientifique ; il donne la possibilité d'enseigner à
toute heure la physiologie par les yeux en exposant
en nature par les pièces conservées, lisibles pour
ainsi dire, et ordonnées comme un traité didacti-
que. Ce résultat, si hautement apprécié aujour-
d'hui, est en grande partie le fruit du travail
intelligent, des efforts et de la persévérance de
Jacques Maissiat ; et c'est bien à lui, comme on
l'a répété, qu'en reviennent, pour la plus large
part, le mérite et la gloire.

V.

Ce fut là, dans ces paisibles travaux si conformes à ses goûts, que le trouva la Révolution de 1848; et ce fut là que les électeurs de l'Ain allèrent le chercher pour lui confier le mandat de représentant à l'Assemblée Constituante.

Etranger jusque-là à la politique, confiné dans ses études, l'agitation de la vie et des affaires publiques n'avait rien qui pût le tenter. Son hésitation et ses répugnances ne cédèrent que devant les sollicitations réitérées de nombreux amis et concitoyens qui, connaissant la modération et l'élévation de son caractère, l'étendue de ses capacités, lui représentèrent qu'il pouvait rendre de grands services à son pays en acceptant le mandat qui lui était offert. Le nouvel ordre de choses, d'ailleurs, ne se présentait pas sous des apparences démagogiques, et Jacques Maissiat, dans son républicanisme de raison, put partager l'opinion généralement admise qu'il serait compatible avec de sages réformes et un progrès sans secousses, avec le respect de l'autorité, de la religion, avec la liberté des cultes, des consciences, de l'enseignement, etc. Ces idées, ces promesses, ces espérances sont exprimées, du reste, dans la profession de foi qu'il adressa aux électeurs de l'Ain qui, le 23 avril 1848, l'envoyèrent à l'Assemblée Constituante par 37,220 suffrages et, le 13 mai 1849, à l'Assemblée Législative par une majorité encore plus considérable.

Pendant la durée de son mandat, les tendances de son esprit positif le portèrent moins vers les questions politiques que vers les questions pratiques. Il fut à la Chambre un spécialiste. Les discussions sur les impôts, sur leur équitable répartition, sur les forêts, leur aménagement rationnel et leur reboisement, sur la situation des classes ouvrières, sur la réglementation de leur travail, de leurs salaires, sur l'agriculture, sur l'instruction publique, etc., furent celles où il prit, soit comme orateur, soit comme membre des commissions, la part la plus active et la plus propre à justifier la confiance de ses électeurs.

Au nombre des rapports qu'il présenta à l'Assemblée sur les questions spéciales qu'il fut chargé d'étudier et de traiter, il en est un qui, par son étendue, par la somme de science qu'il a nécessitée et qu'il révèle, suffirait à lui seul à illustrer la carrière politique d'un homme public, et qui mérite à ce titre une mention particulière.

C'est le rapport fait, au nom de la Commission d'enquête sur la marine, sur l'approvisionnement des bois de construction et des charbons. En parcourant ce volumineux rapport, hérissé de chiffres et de détails techniques, on croit lire l'œuvre d'un marin consommé ou d'un constructeur de navires, et on demeure saisi d'étonnement en présence de cette prodigieuse facilité que possédait l'auteur de s'assimiler et de traiter magistralement des sujets qui semblent le plus étrangers à ses études antérieures. On nous pardonnera donc, nous l'espérons, le développement dans lesquels nous n'avons pas cru pouvoir nous dispenser d'entrer pour donner une idée de l'importance de ce rapport.

Lorsque l'Assemblée Législative commença ses travaux, la flotte était à la veille de subir une transformation complète. Avant de l'entreprendre, l'Assemblée voulut connaître les ressources de nos ports, et nomma dans ce but une commission d'enquête présidée par M. Dufaure. Jacques Maissiat en fit partie; et, sur l'indication de M. Dufaure qui connaissait bien ses capacités, ce fut lui qui fut chargé, par la confiance de ses collègues, de la rédaction du rapport sur les opérations et conclusions de la Commission.

Voici sommairement l'économie, l'importance et les résultats de ce rapport si remarquable à divers points de vue.

Le rapporteur constate d'abord que dans tous les arsenaux l'approvisionnement des bois de construction était mal assorti plutôt qu'insuffisant, les bois droits y dépassant les besoins, certaines pièces d'une courbure particulière nécessaires à la construction des grands navires faisant défaut. Il étudie ensuite et discute les divers procédés pratiqués par la marine pour se procurer les bois de construction dont elle a besoin : martelage, divisions de la France en bassins forestiers, adjudications de fournitures. Il en démontre les inconvénients et les vices, et il n'hésite pas à poser en principe que l'administration de la marine devait, comme les particuliers, faire appel à la libre concurrence, rechercher les bois propres à son service, les acheter et les recevoir sur les lieux de production à l'aide d'un petit nombre d'agents spéciaux assistés de ceux de l'administration forestière; elle devait à l'avance faire connaître ses besoins et fixer ce que le rapporteur appelait *un prix moteur* suffisant pour provoquer les offres des détenteurs des bois.

La marine tirait alors de l'étranger une partie de ses bois de chêne et la plus grande partie de ses bois de sapin. La diminution du sol forestier de la France rendait donc plus désirable et plus précieux le bon aménagement de ce qui restait. Le rapporteur voulut savoir si cet aménagement était celui qui convenait le mieux à l'intérêt bien entendu du pays, et si l'administration des forêts s'était suffisamment préoccupée de le diriger en vue de fournir à la marine les ressources dont elle aurait besoin, au jour du danger, pour soutenir sur les mers l'honneur du pavillon. Avec le secours du directeur général des forêts, M. Vicaire, son compatriote et son ami, il fit en quelques mois une étude complète de la science forestière. Dans ce court espace de temps, il avait, tout en prenant part aux travaux de l'Assemblée, mis à profit les connaissances de tous les forestiers les plus estimés. Comparant les systèmes et prenant à chacun ce qu'il avait de positif et de certain, il fit du tout un corps harmonique; et lorsque l'Assemblée eut décidé la création à Versailles d'un Institut agronomique, il fut désigné par le suffrage unanime des juges compétents pour présider le concours ouvert pour la chaire de sylviculture.

Il fut conduit par la nature de ces études à rechercher quelle était la qualité même du sol de nos forêts sur laquelle l'administration forestière n'avait recueilli que de rares documents. Il demanda que cette lacune fût comblée au plus tôt; puis il indiqua en quelques traits lumineux les points sur lesquels la science forestière avait encore besoin d'être complétée et les expériences qu'il était urgent d'entreprendre dans ce but.

D'un autre côté, il ne recula pas devant les difficultés de se rendre compte par lui-même de la
possibilité d'application des mesures qu'il réclamait; et il montra, dans les forêts de pin de l'Aude
qu'il venait d'explorer et dans certains cantons de
la Corse, une source jusque-là négligée et capable
de fournir bien au-delà de nos besoins. Il n'hésita
donc pas à conclure : que la France lui parais-
sait pouvoir se suffire à elle-même pour tous ses
bois de marine, et il proposa à la Commission
d'enquête de décider :

1° Que la marine militaire prendra d'abord,
autant que possible et de plus en plus, même
exclusivement, tous ses bois en France;

2° Que l'administration des forêts prendra en
principale considération les besoins de la marine
nationale;

3° Qu'elle devra compléter dans le plus bref
délai possible l'aménagement de toutes les forêts
nationales.

Mais si la marine doit connaître et assurer les
sources de ses approvisionnements, si elle doit
toujours avoir à sa disposition un stock de bois
suffisant à ses besoins, il ne lui importe pas moins
de les maintenir, une fois rendus à ses chantiers,
dans un état parfait de conservation. Les bois fraî-
chement coupés — bois verts — sont plus sujets que
les autres à pourrir sous l'influence de la chaleur

humide. Jacques Maissiat étudia avec soin tous les procédés de conservation employés jusque-là, montra ceux qu'il fallait préférer ; et, utilisant au service de son pays les connaissances qu'il avait des diverses branches des sciences naturelles, il en proposa de nouveaux dont l'expérience a démontré et démontrera de plus en plus l'efficacité.

Lorsque la Commission d'enquête visita nos arsenaux maritimes, le moment approchait où les bâtiments à vapeur, qui n'avaient été jusque-là qu'un élément secondaire de notre puissance navale, allaient non-seulement y prendre le premier rang, mais la constituer tout entière. A cette flotte nouvelle il fallait un approvisionnement de combustible assuré en tout temps et tiré, autant que possible, du sol national.

Le charbon français était tellement inférieur en qualité au charbon anglais que les marins le repoussaient et n'étaient pas loin de le déclarer impropre au service de la mer. Il fallait donc chercher et combattre, s'il était possible, les causes de cette infériorité. Pour traiter la question des bois de construction comme elle méritait de l'être, Jacques Maissiat s'était fait sylviculteur ; pour traiter celle de la houille et, par suite, celle des machines à vapeur et chaudières, il se fit chimiste et mécanicien.

Il reconnut d'abord que toutes les houilles,

quelle que soit leur provenance, donnent, à poids
égal, défalcation faite des scories ou escabelles,
à peu près le même poids de vapeur; que l'infériorité des houilles françaises provenait de ce
qu'elles brûlaient plus lentement que celles d'o-
rigine anglaise, la matière combustible y étant
mélangée d'une plus forte proportion de matières
non combustibles. Dégager les houilles françaises
des matières non combustibles, tel était le problème à résoudre.

On venait de mettre en pratique en Angleterre
un procédé nouveau pour utiliser la poussière —
ou *poussier* — de charbon qui se produit dans
les diverses manipulations que subit le charbon
soit à l'extraction soit au transport. Après avoir
mélangé ce *poussier* d'une légère quantité de
coaltar, on le transformait en *briquettes*, ou charbons agglomérés d'une combustion très-facile.

Jacques Maissiat entrevit là la solution du problème cherché. Il estima, après les manipulations
auxquelles il se livra, qu'il serait préférable de
substituer à l'usage du charbon en roche sa
transformation en briquettes; il indiqua, avec une
précision scientifique, les procédés d'épuration et
de fabrication; il signala les vices des chaudières
marines et indiqua un mode de construction nouvelle propre à prévenir toute déperdition de
calorique, à activer la combustion et à produire,

à dépense égale, une plus grande quantité de vapeur. Toutes ces indications et démonstrations, basées sur des calculs scientifiques, sur des applications et combinaisons chimiques qu'il serait difficile d'analyser, présentèrent, à la fin de son rapport, sous le titre d'annexe, un véritable traité de l'*art du feu*.

Les évènements politiques qui survinrent quelque temps après retardèrent l'application des procédés indiqués par le savant rapporteur. L'expérience a démontré plus tard l'exactitude des principes posés par lui; et si elle rencontre encore, dans la conduite des appareils nouveaux, quelques difficultés insignifiantes comparativement aux errements anciens, on peut prévoir à coup sûr qu'elles les surmontera; et si, au jour du succès final, on n'a pas oublié que Jacques Maissiat a été l'initiateur de cet immense et si important progrès, sa gloire n'en sera pas amoindrie parce qu'il aura devancé son temps.

VI.

Le coup d'Etat du 2 décembre 1851 mit fin au
mandat législatif de Jacques Maissiat. Il en eut
sans doute moins de regrets que beaucoup d'autres;
car, bien que ses capacités exceptionnelles lui
permissent de mener de front, et avec la compétence d'un spécialiste, des travaux de genre divers, il se vit sans peine libre et rendu à ses
occupations favorites ; d'autant plus que la retraite
de M. Thillay ayant rendu vacante la place de
conservateur en titre des collections du Musée
d'anatomie, Jacques Maissiat qui, depuis 1845,
lui était adjoint dans ces fonctions, venait d'être,
par l'élection et à l'unanimité des voix des pro-
fesseurs de la Faculté, appelé à lui succéder.

Toutefois, il ne put longtemps se confiner dans
le calme de cette retraite chère à ses goûts. Le
21 juillet 1852, les électeurs du canton de Brénod
le choisirent pour leur mandataire au Conseil
général de l'Ain ; et, bien qu'après la dissolution
de la Chambre des députés, en 1851, il eût refusé
la candidature nouvelle qui lui fut offerte et dont

le succès était assuré par la notoriété que lui avaient acquise ses travaux législatifs, ses rapports précis et lumineux et la modération de ses opinions et de ses votes, il ne crut pas devoir décliner le mandat de représentant au Conseil général que lui conférèrent spontanément les électeurs du canton de Brénod. Ce mandat, qui du reste lui laissait plus de loisirs pour se livrer à ses occupations professionnelles et à des travaux littéraires dont nous parlerons bientôt, fut pour lui une occasion nouvelle de montrer son activité et ses aptitudes pour la discussion des grandes questions d'intérêt public.

Il succéda à M. Margerand comme secrétaire de l'Assemblée départementale, et à chaque session, c'est-à-dire jusqu'à l'année 1871, époque à laquelle il résigna son mandat, il fut maintenu dans ces fonctions par les suffrages de ses collègues qui surent toujours apprécier à leur valeur l'exactitude, la lucidité et la concision des procès-verbaux des séances et des rapports dont la rédaction lui était confiée.

Comme à l'Assemblée Législative, il prit une part active et prépondérante aux discussions sur la répartition des impôts, sur les chemins vicinaux, sur les établissements de charité, et notamment sur le régime et le reboisement des forêts, sur le règlement des coupes et la conciliation des besoins des communes propriétaires avec les exigences de l'administration. Il avait tellement étudié et pénétré ces matières à l'occasion du grand rapport qu'il avait présenté à l'Assemblée Législative au nom de la Commission d'enquête sur la marine, sa compétence et sa notoriété s'y étaient tellement affirmées qu'il fut sérieusement question de lui pour succéder au regretté M. Vicaire, lorsque la mort enleva cet habile administrateur à la Direction générale des forêts.

L'amitié d'un grand homme, est-il dit quelque part, *est un bienfait des dieux.* L'amitié et l'estime qu'avait portées M. Vicaire à Jacques Maissiat furent un bienfait pour une commune du canton de Brénod dont ce dernier était le représentant au Conseil général. Cette commune, privée d'eaux, ne possédait sur son territoire aucune source qui pût lui en fournir. Il en existait au loin, à plusieurs kilomètres; mais pour les capter et les amener à la portée des habitants, il fallait pratiquer, sur une étendue et un parcours considérables, des travaux relativement dommageables à la forêt domaniale de Meyriat. Cet état de choses élevait depuis longtemps un obstacle jugé comme insurmontable aux vœux, aux demandes réitérées de la commune. L'intervention de Jacques Maissiat et le crédit dont il jouissait auprès du Directeur général des forêts triomphè-

rent de ces difficultés ; et la commune, dotée
aujourd'hui de plusieurs fontaines jaillissantes
intarissables, n'oubliera pas plus la reconnaissance qu'elle doit à son bienfaiteur que le culte
qu'elle a voué à sa mémoire.

VII.

Les familiers de Jacques Maissiat, qui connaissaient bien l'ardeur et l'activité de ce travailleur infatigable, savaient que, depuis sa promotion aux fonctions de conservateur du Musée d'anatomie, il consacrait les loisirs que lui laissaient ses devoirs professionnels et les sessions du Conseil général à l'étude et au récit d'un grand évènement de notre histoire nationale ancienne.

Au commencement de l'année 1865, en effet, le monde savant vit paraître le premier volume, puis, quelques années plus tard, le second volume de ce grand ouvrage consacré au récit de l'invasion de la Gaule celtique par Jules-César, l'an 59 avant l'ère chrétienne, et des guerres atroces qui, pendant huit ans, couvrirent de sang et de ruines ces malheureuses provinces courbées enfin, après d'énergiques et inutiles efforts, sous la domination romaine.

Il serait hors de propos sans doute de présenter ici un compte-rendu détaillé de cet ouvrage ; mais il est opportun d'en indiquer l'économie, l'esprit et le but pour donner au moins un aperçu de son importance et de son mérite.

La première impression que l'on éprouve à la lecture de ces volumes est l'admiration dont on ne peut se défendre pour la patience, le courage et, il est permis de le dire, pour l'héroïsme d'un érudit qui, sans nul désir ou espoir de rémunération matérielle et de célébrité retentissante, — sans se préoccuper des chances du succès, se passionne pour l'étude de nos origines nationales et des vieilles traditions de patriotisme de notre race, — consacre au récit des évènements et à la solution des problèmes historiques qui s'y rattachent ses veilles, son argent et de longues années de recherches et de labeurs ignorés du vulgaire, destinés à être appréciés seulement par un petit nombre de juges compétents lesquels — quelquefois encore — par rivalité de système, leur refuseront leur estime.

Tel a bien été Jacques Maissiat; et eut-il douté du succès et de l'accueil empressé que ses livres ont rencontré dans le monde savant, eut-il su qu'il ne travaillait en quelque sorte que pour lui-même que son ardeur à satisfaire sa noble passion pour l'étude ne s'en fût pas ralentie.

Mais nous ne devons pas seulement le juste tribut de notre admiration à ces infatigables pionniers des annales et des traditions anciennes qui nous intéressent, mais bien plus encore celui de notre reconnaissance. Car, dans le culte des aïeux qu'ils professent et qu'ils nous enseignent, ils cherchent l'instruction et la moralisation des générations présentes, en leur offrant le tableau et l'exemple des fautes et des vertus de leurs ancêtres, afin qu'elles cherchent à éviter les unes et à imiter les autres.

Jules-César en Gaule est dans son ensemble le développement, l'application et la confirmation des observations qui précèdent. C'est, si l'on peut dire ainsi, un commentaire des *Commentaires de César*; et il est admirable de voir comment les questions historiques et géographiques qui se rattachent à l'invasion et à la conquête de la Gaule, et qui ont jusqu'ici divisé bon nombre de savants, sont traitées, élucidées et résolues, irréfutablement pour la plupart à notre avis, par l'interprétation judicieuse du texte latin et par la combinaison raisonnée qui en est faite avec d'autres passages du livre de César et avec des textes de Strabon, de Salluste, d'Appien, de Suétone, etc., comment, à l'aide de ces comparaisons et de ces rapprochements possibles seulement à un familier du génie de la langue latine, l'auteur arrive à déterminer le sens véritable d'un mot, d'une phrase, à indiquer le degré de foi que méritent les *Commentaires*, à discerner la partialité

du narrateur sous les artifices du style. Car César,
s'il était un capitaine d'une habileté militaire ac-
complie, était en même temps, au dire de Cicéron
lui-même, un des écrivains les plus brillants et
les plus adroits de son siècle, et en même temps
un profond politique. Il a exploité ce triple talent,
dont l'assemblage est si rare chez le même indi-
vidu, au profit de sa gloire et de son ambition,
et l'a fait servir avec adresse à l'édifice de sa
fortune. Se posant en outre vis-à-vis de ses con-
temporains comme un être supérieur à l'huma-
nité, issu du sang des rois mêlé à celui des dieux,
il a su conquérir et a mis toute son habileté à
conserver sur eux le prestige de l'homme du
destin, infaillible dans ses prévisions et maître à
son gré des évènements. Lors donc que le sort
des armes lui a été parfois contraire, il a dû dis-
simuler avec art, dans les causes de ses revers,
ce qui pouvait être imputable à sa faute, en ren-
dant son récit obscur à dessein, en omettant les
circonstances défavorables à sa gloire et s'éten-
dant avec complaisance et partialité sur celles qui
pouvaient la servir, au détriment même de la
vérité.

Il est démontré par des discussions lumineuses
et entraînantes que c'est dans cet esprit de réserve
et de défiance qu'il faut accepter le récit des
Commentaires. Aussi quand on a lu *Jules-César*

en Gaule, reconnaît-on et avoue-t-on sans peine qu'en traduisant les *Commentaires* dans le cours des classes de latinité, on a été loin d'en comprendre le sens véritable et de voir la portée des évènements qui y sont retracés.

Le premier volume qui est consacré au récit de l'invasion du Sud-Est de la Gaule celtique, après des développements très-étendus sur la comparaison des armes et des moyens militaires (bien supérieurs du côté des Romains) des deux peuples qui vont se trouver en présence, indique les motifs ou plutôt les prétextes de cette invasion.

Jules-César avait dans son commandement la Gaule cisalpine; par toutes sortes d'intrigues, par l'intimidation même, il se fit adjuger encore la Gaule transalpine dont le voisinage avec les riches provinces de la Gaule celtique qui depuis longtemps excitaient ses convoitises devait servir plus facilement ses projets ambitieux. Dans ces provinces, il savait qu'il trouverait le butin et l'or qui lui permettraient de devenir l'*acheteur de Rome* prévu par Jugurtha, et de s'élever à la dictature suprême qui lui valut une mort tragique et prépara néanmoins l'empire des Césars.

L'ambition personnelle de César, telle fut donc la véritable cause de l'invasion de la Gaule par ce Romain avide de richesses, de carnage et de pouvoir; cause discernée et clairement et historiquement démontrée dans le livre de Jacques Maissiat.

L'émigration des Helvètes au pays des Eduens, dans les plaines fertiles qu'arrose la Saône, servit merveilleusement les désirs et les desseins de César; et le prétendu secours qu'il porta avec ses nombreuses légions à cette cité gauloise, aussi bien que l'atroce extermination de la presque totalité de la malheureuse population émigrante, ne furent au fond que le prétexte de cette invasion, et le prélude de ces longues, horribles et sanglantes guerres qui, après l'asservissement de la cité éduenne elle-même, aboutirent à celui de toutes les autres cités de la Gaule.

Le second volume raconte ces guerres dont les horreurs et la barbarie dépassent de beaucoup celles des guerres modernes cependant si désastreuses. César apportait dans ces guerres, outre des moyens militaires de plus en plus perfectionnés, outre son génie dans l'art militaire, une autre supériorité non moins redoutable : son génie dans la corruption politique. Tantôt par les armes, tantôt par la fourberie, faisant naître et entretenant habilement les rivalités de cité à cité, il arriva ou à les ravager, ou à les asservir les unes après les autres.

Un jour cependant, vers la fin de la sixième année de cette funeste guerre, il sortira des montagnes des Arvernes un jeune homme qui s'avancera inspiré par l'idée de la patrie, portant dans son sein le feu sacré de la liberté, réveillant le patriotisme hésitant des cités de la Gaule, les appelant à lui et marchant à l'ennemi. Il opposera un courage, il déploira un génie qui étonneront de la part d'un *barbare*; il infligera aux armes de César, devant Gergovia (près de Clermont-Ferrand) un échec éclatant qui fera douter cet audacieux Romain de sa fortune, jusque-là prospère, et le déterminera, en présence du soulèvement de toutes les cités, à chercher le salut compromis de ses légions dans une retraite sur la Province romaine. L'habile et valeureux chef gaulois qui a su, par ses plans stratégiques, par les efforts de son patriotisme et par son courage, réduire le général romain à cette extrémité, cherchera à couronner ce succès en lui coupant cette retraite.

Jacques Maissiat, les *Commentaires* à la main, visitant et étudiant en personne et à diverses reprises tous les lieux désignés, mesurant les distances, comparant les indications de la géographie ancienne et de la géographie moderne, suivant pas à pas et d'étape en étape les armées belligérantes depuis le siége de Gergovia, établit d'une manière qu'il paraît difficile, pour ne pas dire impossible, de réfuter, qu'elles ont dû se rencontrer à l'entrée des monts Jura, sur le seul chemin qui conduisit, du centre de la Gaule où se trouvait l'armée de César, à la Province romaine. Cette rencontre s'est produite, selon l'opinion de l'auteur confirmée par l'orographie des lieux, par les vestiges et les noms qu'ils ont conservés, par les expressions mêmes du texte de César, sur les hauteurs de Lons-le-Saunier. Ce point avait été judicieusement choisi et occupé par Vercingétorix, et il eut sans doute rejeté César au milieu des cités de la Gaule soulevées contre lui; mais dans la sanglante bataille qui fut livrée là, sur les plateaux d'Orgelet, l'armée gauloise dut plier devant les légions romaines par le seul fait de l'intervention de la cavalerie germaine que César, par les moyens de corruption qu'il excellait à employer, avait su gagner à ses armes, au mépris des instincts de race et de patrie.

Vercingétorix rallie ses troupes et se replie en bon ordre sur l'oppidum d'Alésia. César le suit; et, le lendemain, reconnaissant l'impossibilité de forcer cette barrière ou de l'emporter d'assaut, il se détermine à en faire l'investissement et le blocus.

Le troisième volume raconte les péripéties du siége mémorable de cet oppidum; la catastrophe finale; la chute de ce dernier boulevard de la liberté de la Gaule; le dévouement sublime de Vercingétorix pour les siens vaincus par la famine.

L'emplacement véritable de cet oppidum célèbre est encore aujourd'hui un sujet de controverse entre tous les savants qui se sont occupés de ce point de nos annales nationales. L'auteur de *Jules-César en Gaule* fixe cet emplacement sur le plateau occupé aujourd'hui par le bourg d'Izernore, chef-lieu de canton, dans le département de l'Ain. Et il faut reconnaître qu'il accumule à l'appui de cette opinion une foule de preuves qui paraissent irréfutables : orographie des lieux et mensuration des lignes et travaux de circonvallation parfaitement applicables au texte des *Commentaires*; vestiges nombreux et manifestes de guerre à l'entour et dans les environs de l'oppidum; dénominations de localités qui ne peuvent puiser leur origine et leur étimologie que dans les appellations, à cette époque, des divers travaux et moyens de siège; réfutation, par des discussions et des démonstrations d'une logique serrée et entraînante, des systèmes opposés qui placent cet oppidum à Alise-Sainte-Reine, en Bourgogne, ou à Alaise, en Franche-Comté.

En sorte que, si la solution de ce problème historique ne peut encore, aux yeux de quelques critiques, être considérée comme irréfutablement et définitivement tranchée, on est cependant forcément conduit à reconnaître et à s'avouer que celle développée, discutée et adoptée par Jacques Maissiat, après de longues et savantes investigations, est jusqu'ici la plus satisfaisante et la plus acceptable, en ce qu'elle est la plus conforme soit au texte de César et à celui des auteurs anciens qui se sont incidemment occupés de la guerre de Gaule, soit à la nature et à la position topographique des lieux qui ont été le théâtre des évènements. L'intelligence de ces évènements et des dissertations de l'auteur est au reste facilitée au lecteur par des cartes admirablement établies de la géographie ancienne et moderne, jointes au livre.

Ce dernier volume qui ne le cède en rien aux premiers pour la clarté et l'élégance du style et tous les autres mérites littéraires, l'auteur, hélas! n'aura pas eu la satisfaction de le voir publier. La longue affection de paralysie qui a fini par triompher de sa robuste constitution n'avait pas ralenti son ardeur au travail. Sous les étreintes de cette maladie, et pour ainsi dire jusqu'au moment suprême, il s'efforçait de mettre la dernière main à son œuvre. Les feuilles du manuscrit ont été recueillies et mises en ordre par les soins pieux d'une sœur dévouée et seront publiées prochainement [1].

D'un bout à l'autre de ces livres on sent vibrer un souffle ardent de patriotisme. Cet ouvrage est, comme le dit l'auteur lui-même, une réaction contre l'histoire des Romains et des Gaulois sur laquelle nos pères ne nous ont transmis aucuns témoignages, et qui nous parvient écrite par un ennemi aussi habile dans l'art de la dissimulation que dans celui de la guerre. Les qualités natives, la valeur aussi bien que les défauts de nos ancêtres y sont présentés dans leur veritable jour; et si aujourd'hui, après nos désastres récents, quelques phrases peuvent paraître écrites avec un peu trop de fierté nationale, c'est que l'auteur, après avoir tant médité sur les *Commentaires,*

---

[1] A la suite du volume, — et parce qu'elle se rattache par quelques points aux démonstrations qu'il contient — le lecteur trouvera une légende intéressante et savamment traitée sur saint Amand, fondateur de l'abbaye de Nantua.

Dans le plan de l'auteur et selon le programme qu'il s'était tracé, un 4e volume devait suivre, destiné à présenter l'historique et la description des évènements retracés dans le viiie livre des *Commentaires,* écrit non plus par César, mais par Hirtius, son confident politique. Ce dernier volume aurait développé des conclusions historiques et des considérations philosophiques d'un puissant intérêt, sans doute, sur l'ensemble des guerres de nos aïeux contre les Romains, et leurs conséquences. Il est infiniment regrettable que la mort de l'auteur nous ait privés de ce couronnement de son œuvre, admirable toutefois, même en l'état où il l'a laissée.

n'est pas de ceux qui pourraient manquer de foi
en notre race gauloise et désespérer jamais des
destinées de la France. « La Gaule meurtrie,
abattue, couverte de sang par Jules-César s'est
relevée. La France se relèvera... pourvu que tous
ses enfants y travaillent avec union et patriotisme
et avec le courage et la dignité modestes qui nous
conviennent désormais. »

Nobles sentiments ! dont l'inspiration et l'expression sont absentes dans une œuvre similaire:
Histoire de Jules-César, parue vers les mêmes
temps, et écrite à un tout autre point de vue.
Ici, c'est la glorification du génie de l'envahis-
seur de la Gaule, présenté comme ayant rempli
un rôle extraordinaire et pour ainsi dire provi-
dentiel, que quelques rares privilégiés se consi-
dèrent comme appelés à renouveler encore de
loin en loin sur la scène du monde.

Jules-César en Gaule, cet ouvrage considérable
et de si longue haleine, eut été certes bien suffisant pour absorber les études et illustrer la vie de
plus d'un savant; il ne l'a pas été pour l'inépui-
sable ardeur au travail de Jacques Maissiat. La
solution d'un autre problème de l'histoire ancienne
avait aussi fait l'objet de ses recherches, de ses
veilles et de ses études. En même temps que ses
livres de *Jules-César*, il publiait un volume in-8° :
Annibal dans les Gaules, consacré à exposer les

motifs de la hardie détermination qui porta le célèbre Carthaginois à traverser les Espagnes, la Gaule, le Rhône, les Alpes, pour attaquer les Romains du côté de la Gaule cisalpine, sans se laisser effrayer à l'avance par les énormes difficultés d'un tel projet.

Comme pour Jules-César, et sans se rebuter lui-même des difficultés de l'entreprise, Jacques Maissiat a soumis à une étude minutieuse, à une comparaison attentive les textes des auteurs grecs et latins, Polybe, Tite-Live, etc. Ces textes à la main, il a exploré sur les lieux les divers itinéraires assignés à l'armée carthaginoise, et s'est décidé en faveur de celui qui franchit le Rhône entre Bourg-Saint-Andéol et Pierrelatte, et les Alpes par le col du Mont-Cenis. De bonnes cartes géographiques rendent l'étude du livre facile et claire, et bon nombre de savants n'ont pas hésité à reconnaître que ce livre éclaire d'un jour tout nouveau ce grand évènement historique et à partager de tous points les appréciations et les solutions adoptées par l'auteur.

Ces divers ouvrages, à mesure que la communication successive en fut faite à l'Académie des inscriptions et belles-lettres et à l'Institut, reçurent de ces corps savants l'accueil le plus bienveillant et donnèrent lieu aux comptes-rendus les plus flatteurs. Ce n'était du reste que le juste tribut d'hommages, sanctionné par l'opinion publique, légitimement dû aux travaux et aux talents d'un homme qui, pour l'amour seul de la science pour ainsi dire, a consacré ses veilles et une partie de sa vie à doter les annales de son pays de documents historiques magistralement discutés et établis, destinés à y occuper dignement une place d'honneur.

VIII.

Tel fut Jacques Maissiat : médecin, professeur agrégé à la Facullé, auteur de traités médicaux devenus classiques, homme politique, historien, littérateur. Les aptitudes que comportaient ces fonctions et situations diverses devaient naturellement se refléter dans la vie privée de l'homme d'élite chez lequel s'était rencontré leur assemblage.

Tous ceux qui l'ont connu et approché n'oublieront jamais le charme puissant de ses entretiens. Habitué, par sa profession et par ses travaux, à observer et à réfléchir beaucoup, son esprit avait acquis une sagacité étonnante. Les objets en apparence les plus indifférents, imperceptibles même, lui suggéraient une foule de réflexions et d'observations aussi utiles qu'intéressantes que beaucoup d'autres n'auraient pas même soupçonnées. Causeur élégant, intarissable, sympathique, sans être un orateur à la façon de certains avocats de province, il avait acquis, par l'habitude de parler devant un auditoire instruit et sur des

sujets aussi ardus que le sont la plupart des
questions de médecine, une facilité, une netteté,
une abondance d'élocution toujours égales et entraînantes, quel que fût le sujet de la conversation :
sciences, physique, mécanique, histoire générale,
histoire naturelle, politique, etc. Car ce chercheur
avait le don de s'assimiler promptement, et pour
ainsi dire à première vue, toutes les branches
des connaissances humaines. S'il eut concentré
sur l'une d'elles seulement les puissantes facultés
de sa vaste intelligence, il l'eut assurément creu-
sée et élucidée jusqu'aux dernières limites du
possible ; il eut attaché à son nom une éclatante
célébrité. Mais il a semblé ignorer lui-même sa
puissance ; la renommée n'était rien pour lui ; et,
dans ses multiples travaux, il n'a poursuivi que la
satisfaction de cet amour inné de l'étude et de la
science, qui a été la passion, l'unique passion de
sa vie.

Doué d'une mémoire extraordinaire, on pouvait
l'entendre, si on le voulait, réciter sans broncher
des chapitres entiers de la Bible et bon nombre
d'odes d'Horace. Il avait toujours fait de ces livres
ses lectures favorites, et les impressions qu'il en
avait retirées, aussi bien que son goût pour les
autres écrivains moralistes, avaient donné à sa
conversation, à sa science, à ses écrits ce carac-

tère d'honnêteté et de spiritualisme chrétien dont sa vie et sa mort ont été la confirmation.

Les honneurs officiels auxquels Jacques Maissiat avait été élevé, la renommée qu'il avait acquise auraient été de nature à inspirer à tout autre qu'à lui des sentiments d'orgueil et de présomption qui eussent pu paraître suffisamment justifiés et excusables. Lui, il n'en tira pas vanité; il resta ce qu'il avait été toujours : modeste et simple. Quel est celui de ses compatriotes qui, soit par attraction de l'amitié, soit par besoin de conseils, l'ayant visité, à Paris, dans son petit logement à l'école de médecine, au milieu de ses livres, de ses papiers dans l'inimitable désordre qu'amènent de longues recherches mêlées sans doute de quelques rêveries, n'a pas gardé souvenir de sa bonhomie, de la simplicité de sa tenue, de sa physionomie intelligente, ouverte, souriante et de son bienveillant accueil? Au pays, quand chaque année les vacances le ramenaient au sein de ses chères montagnes, qui de nous ne l'a pas vu, fidèle aux mœurs, aux traditions populaires de sa famille et de son enfance, se confondre avec tout le monde par la simplicité, par la rusticité même de sa mise; familier, bon et affable à tous; ne se connaissant pas un ennemi, mettant sa science médicale au service des infirmes et des malades

auxquels il prodiguait, avec affabilité et gratuite-
ment, consultations et consolations?

Attaché à son pays natal comme un montagnard,
il ne passa jamais ailleurs un seul jour de ses vacances. Là, il se livrait en liberté et avec bonheur
à son goût pour la chasse et pour la pêche. Ces
exercices, qui étaient une diversion salutaire et
hygiénique à la contention de son esprit, deve-
naient encore pour lui autant d'occasions et de
sujets d'études d'histoire naturelle. Tout était pour
lui matière à observation. C'était plaisir de l'entendre, au retour, disserter sur les incidents de
la journée, sur les mœurs, l'anatomie des quadru-
pèdes, des oiseaux ou des poissons que leur mal-
chance avait exposés aux coups de l'adresse plus
ou moins heureuse du chasseur ou de pêcheur.

Ses amis, ceux surtout qui partageaient ses
exploits cynégétiques voyaient toujours arriver
trop vite la fin de ses bonnes vacances. Celles de
1876 furent, hélas! les dernières, et ce fut avec
une douloureuse émotion que, quelque temps
après, ils apprirent qu'une attaque de paralysie
venait de frapper Jacques Maissiat. Sa robuste
constitution ne put en conjurer les suites, et il
dut se résigner, avec le secours d'un parent dévoué
qui lui fut expédié à cette fin, à venir chercher, au
sein de sa famille, les soins que réclamait sa situation. C'est là, comme nous l'avons dit, que, tou-

jours dominé par son amour de l'étude et du travail, et pour faire diversion aux ennuis et aux souffrances de la maladie, il retoucha et acheva le 3ᵐᵉ volume de *Jules-César en Gaule*.

Les soins affectueux de ses proches, les sympathies et les assiduités de l'amitié lui dissimulèrent les approches de la mort qu'il envisagea du reste sans crainte, avec la résignation d'un sage et d'un chrétien. Les secours de la religion qu'il demanda et accueillit avec foi et piété, aussi bien que la visite dont l'honora un prince de l'Eglise, consolèrent ses derniers moments. Il s'éteignit doucement le 28 mars 1878, laissant le souvenir et l'exemple d'une vie pure, honnête, laborieuse et un nom qui sera l'honneur et le légitime orgueil de son pays.

Nantua, juin 1880.

Emᵉˡ D.

90